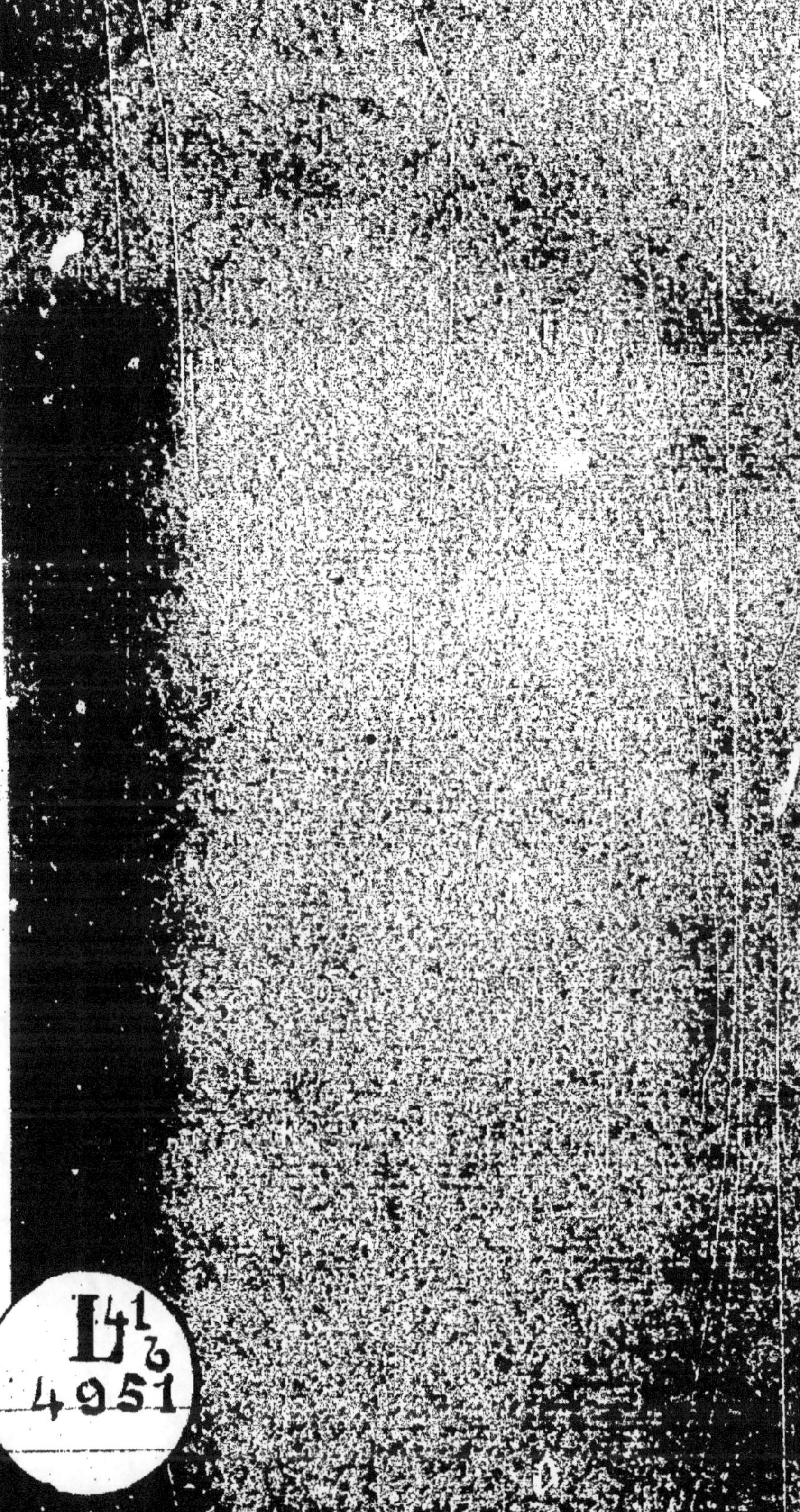

COLLECTION DES BIBLIOPHILES FRANC-COMTOIS

QUAND LA PERRUQUE A FAIT SON TEMS.

seconde édition.

augmentée d'une figure en TAILLE-DOUCE.

FRANCIS GANEVAL.
LIBRAIRE-ÉDITEUR
PALAIS GRANDVELLE, A BESANÇON

M. DCCC. LXXVI

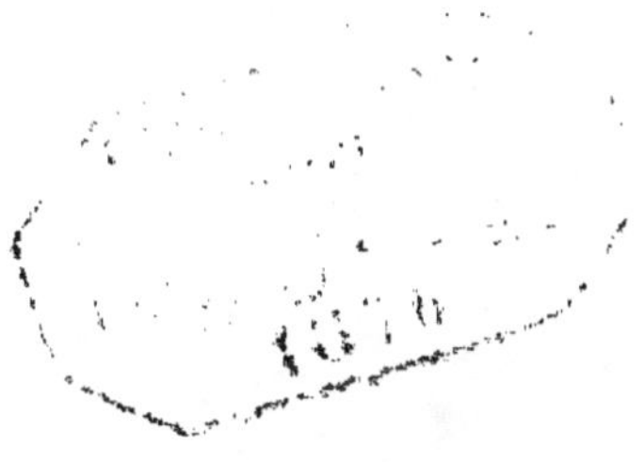

I

QUAND LA PERRUQUE A FAIT SON TEMS.

Réimpression à 200 exemplaires numérotés (dont 20 sur chine) d'une brochure anonyme, publiée en 1794, contre le Comité révolutionnaire de Besançon.

Le titre de cette brochure : *Quand la perruque a fait son tems, (votre serviteur très humblement ms)*, n'est que le refrain d'une chanson très populaire à Besançon, en 1793, dans laquelle on flagellait cruellement un terroriste des plus dangereux et des plus convaincus de la commune : l'agent national François-Maurice Chazerand. Ancien professeur de latin, devenu négociant, Chazerand, homme instruit et probe, avait mis au service de la Révolution une intelligence médiocre mais un zèle aussi exagéré que celui qu'il employait naguère dans les exercices de la pieuse Congrégation des *grands artisans bisontins* (1). Aussi la chanson satirique, dont nous n'avons que des fragments, le montrait-elle allant au Comité révolutionnaire.

> *Avec des souliers de cabron*
> *Et son habit de congrégation.*

Quand le NEUF THERMIDOR ouvrit les prisons,

(1) Disons, en passant, que revenu de sa ferveur révolutionnaire, Chazerand est mort, il y a une quarantaine d'années, en pratiquant comme autrefois les principes plus honnêtes du *Manuel de la Congrégation.*

ferma les clubs, et désarma les jacobins, les honnêtes gens, longtemps opprimés, se vengèrent de
Chazerand et de ses acolytes, gens tarés de toute
origine, en les mettant en scène sous leurs vrais
noms, dans un dialogue où ils se reprochaient
mutuellement et en détail toutes leurs infamies et
tremblaient en commun devant un châtiment pro-
chain. Promptement épuisée, cette brochure anonyme (in-12 de 31 pages), imprimée sans doute
chez Charmet vers 1794 (A BESANÇON, A LA VÉRI-
TÉ), eut une seconde édition ornée cette fois, d'une
gravure en taille-douce, représentant Chazerand.
Il était vu de dos, avec sa fameuse perruque
devenue classique (elle a laissé son nom à une
plante pariétaire qui tapisse les cours humides
des vieilles maisons de Besançon), son Manuel
de congrégation, ses pétitions innombrables, et
deux épigraphes rappelant l'une son zèle réel
comme moraliste dans les fonctions municipales,
l'autre les manières humbles et courtoises qu'il
tenait de l'ancien régime.

C'est cette seconde édition, devenue introuva-
ble comme la première, que nous reproduisons
aujourd'hui d'une manière aussi exacte que pos-
sible, pour permettre à chaque amateur franc-
comtois de posséder, dans sa bibliothèque, cette
plaquette aussi intéressante comme document
sur l'histoire de la Révolution que comme curio-
sité bibliographique.

DOLE. — IMP. BLUZET-GUINIER, RUE DUSILLET, 19.

QUAND LA PERRUQUE

A FAIT SON TEMS.

seconde édition.

augmentée d'une figure en TAILLE-DOUCE.

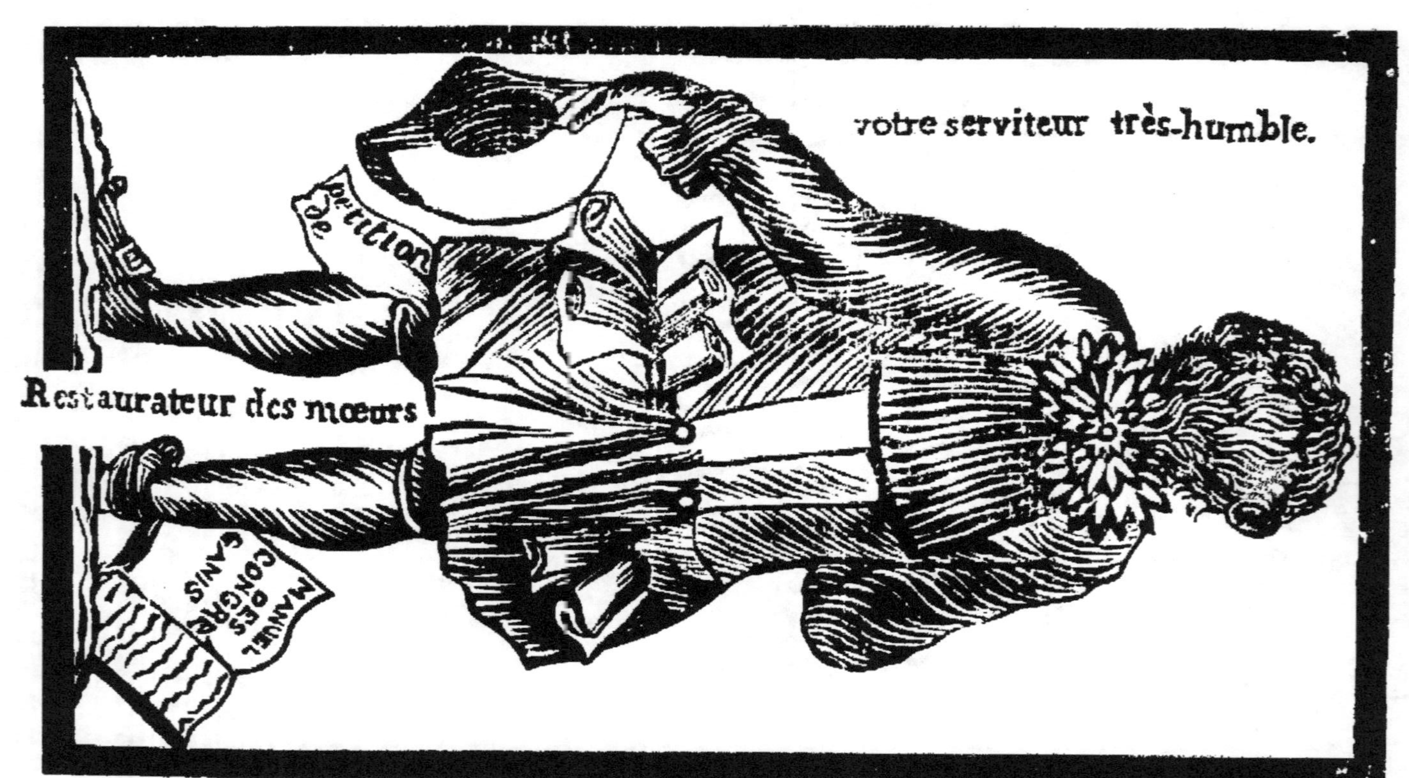

votre serviteur très-humble.
petition de
Restaurateur des mœurs
MANUEL DES CONGRE GANIS

QUAND LA PERRUQUE A FAIT SON TEMS.

DIALOGUE.

CHAZERAND.

Eh bien ! mes amis, voilà les remercîments de tout ce que nous avons fait pour la chose publique; il faut convenir que ce peuple est bien ingrat !

ROBERT.

Parbleu, j'aime bien que tu sois le premier qui te plaignes de nos malheurs ; Briot n'a-t-il pas soutenu à l'assemblée populaire, que j'étois la vertu et la probité personnifiées ; et cependant il n'en a pas moins fallu donner ma démission !

CONSIDERE.

Cela est vrai : Briot a fait le charlatan du mieux qu'il a pu ; mais il n'y a eu que lui dans toute l'assemblée pour défendre notre cause. Et tu sens bien que le pauvre Briot !... tu m'entends.

MOLLE.

Et moi, je soutiens que vous êtes bien-heureux ainsi que moi, car, voyez-vous, il faut être juste, et si l'on avoit tout dit, peut-être bien... Rappellez-vous que quand c'étoit à mon tour d'être *dépuré*, ils ont déclaré tout uniment que j'étois une bête, pour à l'effet de l'incapacité; mais ils n'ont pas poussé plus loin, puisque même ils n'ont pas ajouté que j'étois un......

PION.

Pourquoi voudrois-tu qu'ils eussent parlé dans ce sens plutôt pour toi, que pour moi, et tous les autres ? Le lendemain, Ravier, du département, qui, à la tribune, avoit plutôt l'air d'un patient que d'un fonctionnaire public, n'est-il pas descendu sans que personne lui ait reproché des friponneries et de l'immoralité !

ROBERT.

Oh ! celui-là, ainsi que Blondeau et le gros cochon de Caiamard, étoient bien sûrs de venir avec nous.

TOUS ENSEMBLE.

Oui, oui, oui.

CHAZERAND.

Si plusieurs détenus n'étoient pas sortis de réclusion, avant l'épuration des autorités constituées, nous aurions encore pouvoir en main ; ce sont eux qui nous ont donné le coup de grace : mais un tems viendra...... Patience, je les ai notés, je les ai notés, ma parole d'honneur !

CONSIDERE.

Vois-tu, mon cher Chazerand, (*il chante*) :
Quand la perruque a fait son tems, &c.

TOUS, A L'EXCEPTION DE CHAZERAND.

(Ils répétent) : *quand la perruque a fait son tems.*

CHAZERAND.

Mais citoyens, citoyens, mes amis, vous seuls dont j'avois invoqué le témoignage en ma faveur quand j'étois sur la sellette, comment se fait-il que vous vous tourniez aussi contre moi ? N'avez-vous pas la conviction intime que je suis un honnête homme, et le restaurateur des mœurs dans cette commune ! ! !

ROBERT.

M^r. Chazerand, vous êtes un pédant et un sot ; et vous seul avez causé nos disgraces. Votre hypocrisie ne pouvoit manquer d'être démasquée, principalement en voulant faire votre embarras par-tout. *Votre conviction intime* étoit toujours en avant quand il s'agissoit de perdre quelqu'un de nos ennemis ; et voilà toutes vos ruses ! Jamais vous n'avez employé l'ombre de raffinement malgré les leçons que vous receviez journellement de Briot !

CHAZERAND.

Je t'arrête, mon ami, pour te dire que je suis intimement convaincu que Briot est au contraire la seule cause de nos malheurs. Si jamais il n'eût monté à la tribune, pour faire notre apologie, nous aurions encore échappé à la perspicacité populaire. Dans le fait, comment l'assemblée pouvoit-elle nous conserver de la considération, dès-lors que notre défense étoit entre les mains d'un Briot, de qui tous les gens honnêtes rougiroient d'avoir l'estime !

(TOUS ENSEMBLE.)

Cela est vrai, cela est vrai !

ROBERT.

Il est certain que nous étions assez forts pour nous défendre. J'avois déjà assuré que je n'avois quitté l'Amérique que par rapport à l'horreur que l'esclavage m'inspiroit.

PION.

Tout beau, Robert ! rappelle-toi comment tu as fait rire en lâchant une pareille balourdise. Tu devois bien prévoir que l'on connoissoit d'ailleurs ce qu'il en étoit de toi. On n'ignoroit pas que sorti de ton village, à bonne heure, tu entrepris l'honorable métier de goujat à Paris, où tu as porté le mortier pendant quelques années ; que tu t'es embarqué ensuite avec ton maître, duquel on n'a eu ni vent ni nouvelles ; que tu t'es immensément enrichi dans les Isles, par des moyens que l'on veut ignorer ; que tu ne t'en es revenu qu'au moment où tu as vu l'impossibilité d'augmenter ta fortune ; qu'à ton retour, tu avois placé beaucoup de fonds chez les freres Baille à Besançon ; que tu as payé comptant et en beau numéraire, une somme d'environ quarante mille livres, pour la maison que tu as achetée ; que tu as acquis aussi un bien de campagne ; que tu as de l'argent chez toi ; que tu en as chez d'autres personnes, qui t'en paient bien les intérêts ! Que tu n'as jamais fait l'ombre de sacrifice pour la révolution ; que tu t'es laissé saisir pour ta contribution patriotique, et que le receveur de la ville, le citoyen Menestrier, a payé bien cher cet acte de justice, parce que tu as trouvé le secret de le déjetter de sa place, par une suite de ton esprit vindicatif.

ROBERT.

Citoyen Pion, cette diatribe ne sied point dans ta bouche : quand tu as voulu inculper un de nos accusateurs sur sa fortune, tu sais combien de huées ont accueilli ta déclamation ; c'est qu'on n'ignoroit pas que la tienne de fortune, dans l'ancien régime, étoit le fruit de tes fraudes, et que son accroissement depuis la révolution, étoit le résultat de ton agiotage. Crois-tu, par exemple, qu'on avoit oublié que tu avois trompé le public en lui vendant des marchandises d'une fabrique pour une autre, au moyen des faux plombs que tu attachois, et dont les matrices ont été trouvées chez toi ! Crois-tu qu'on ne se rappelloit pas que tu avois été condamné à la potence !

CHAZERAND, MOLLE, CONSIDERE.

Fi donc, ne parlons pas de cela ; point de potence parmi nous, mes amis, nous sommes révolutionnaires *dans le grand genre*, il ne nous faut que des guillotines.

ROBERT.

A la bonne heure, je le sais aussi bien que vous, la guillotine n'a pas été inventée pour les chiens ; mais Pion a été condamné à être pendu, et dans ce tems-là nous n'avions pas la ressource de la guillotine comme aujourd'hui ; il est vrai, qu'après lui avoir mis la corde au col, en le faisant tenir respectueusement à genoux, on lui a lu sa grace moyennant trente mille livres qu'il a comptées pour les frais de construction du pont de Bregille ; mais comme ce qui vient de la flute retourne au tambour, le pont de Bregille est allé à veau-l'eau. Croyez-vous donc que ce faquin-là a le droit de citer mes faits ; lui qui, dans le commencement de la révolution, étoit l'aristocrate le plus forcené et qui n'a feint ensuite du patriotisme, que pour pouvoir agioter avec plus de succès ? Crois-tu, M^r. Pion, que l'on ait digéré le *maximum* que tu as établi en septembre de l'année dernière, quand tu eus l'attention d'augmenter les toiles de la somme de cinq livres, parce que tes magasins et ceux de ton collègue en régorgoient,

tandis que tu diminuas d'autant les draps, par
la raison que tu avois déjà vendu les tiens ?

MOLLE.

Oh ! parbleu, si nous sommes rassemblés pour
raconter nos histoires, je vous préviens que cela
ne me convient pas, et que je vous planterai là.

CHAZERAND.

C'en est fait, il n'y a plus de religion ; mes
amis, quand j'étois prieur de la congrégation...

CONSIDERE.

(Il chante) : *Quand la perruque a fait son tems,...*

TOUS, A L'EXCEPTION DE CHAZERAND,
(Ils répétent) : *quand la perruque a fait son tems.*

CHAZERAND.

Eh ! bien ! citoyen Molle, dès que tu t'en
mêles, tu ne sortiras pas sans avoir ton compte,
la colere me suffoque ; ouf !... J'ai la conviction
intime que tu es aussi un..... je m'explique.
Tu jouis de cinq mille livres de rente, que tu
as gagnées en prêtant à usure et sur gages ; tu n'as
jamais donné tes soins à la commune, que pour
avoir occasion de lui surprendre des douze cents
livres d'appointemens ; tu n'as jamais fait le don
d'une obole pour contribution volontaire...

MOLLE.

Je vais t'emplâtrer la figure si tu persistes à
dégouaiser de pareilles minuties : dis-moi, quel
tableau ne feroit-on pas de ta conduite, si l'on
ne craignoit la vengeance des cagots de ton
espèce : tu es un beau patriote, toi ! Mais si tu
l'es, pourquoi as-tu dit à Bouchain, il y a environ deux ans, que tu ne l'aimois plus parce
qu'il s'étoit fait recevoir *Clubis ?* Pourquoi as-tu
détesté les sociétés dans le tems qu'elles faisoient

la révolution de la république, et mêmement que tu ne t'es fait entrer dedans qu'après le 31 mai, qu'on y faisoit des tapages pour dénoncer à tors-à-travers, comme pour une contre-révolution. Encore aussi, *ton fanatis* jusques dans la descente des figures en ressemblance des Saints, qui étoient à la Magdeleine : qu'on t'a turlupiné pour les recommandations que tu faisois, crainte qu'on ne leur cassât seulement le bout du nez !

P I O N.

Laisse-moi lui dire le reste ?

C H A Z E R A N D.

Mon ami, je t'en défie.

P I O N.

Tu m'en défies, or écoute : N'as-tu pas fréquenté les Parlementaires dans l'ancien régime ? ne leur as-tu pas fait une cour basse et rampante : N'as-tu pas eu des vitres cassées par le peuple indigné de tes accaparemens   N'as-tu pas affiché l'hypocrisie : revêtu de ce manteau, n'as-tu pas semé le trouble dans une famille par tes fréquentation suspectes avec ta dernière femme, qui pour lors étoit celle d'un autre ? Ne t'es-tu pas immiscé dans la distribution des gros sols pour...... je veux dire, pour avoir la faculté d'attirer chez toi les pratiques de tes confreres ? N'as-tu pas persécuté et ruiné ton ancien commis, parce qu'il avoit eu la bonhommie d'établir son commerce près de ta boutique ? N'as-tu pas été dénoncé pour avoir fait charger des voitures de marchandises pour la Suisse, du moment que le *maximum* fut décrété : Et tous tes voisins n'attestent-ils pas ce fait : N'as-tu pas déposé dans la petite cour du college, au com-

mencement du mois d'octobre de l'année dernière (*v. s*) des tonneaux de sucre, de café et
de savon, pour les soustraire également à la loi ?

CHAZERAND.

Et toi, as-tu fini ?

MOLLE.

Non, & puis *item* c'est égal, parce que je dis
que je vas continuer, moi. Ils disent tous que
je cherchois le sang, pendant que c'étoit toi qui
voulois le boire ; puisqu'encore tu étois un tyran
dans tes fonctions d'agent - national , jusqu'à
désorganiser les marchés par tes mesures d'*ultra*-
révolutionnaires , contre les pauvres femmes et
les filles que tu voulois couvrir absolument de
ton infamie, pour ce qui est de ton esprit domi-
nateur ! Dis voir encore que tu n'as pas refusé
du savon à l'encontre des assignats , pendant
que tu en vendois aux paysanes des campagnes,
au vis-à-vis de leurs œufs conjointément avec du
beurre ? Et puis ceste somme de deux cent
quatre-vingt livres que tu as gardée pendant deux ans , et dont tu ne t'es rappellé que
quand il y a eu des Représentans qui vouloient
voir clair. Oh ! je te dis que je m'y connois.
Cette somme-là....... pourquoi ne t'en es-tu pas
ressouvenu quand le Représentant Lejeune étoit
ici ? Tu avois autant de mémoire dans ce tems-là
que maintenant ; tous ces *vrébiages* que tu dé-
bites, c'est de l'ancien régime tout pur. Et lorsque le décret est venu pour chasser les *Congré-
ganis*, n'es-tu pas allé dire au *Distrique* qu'il
ne falloit pas l'exécuter ? On voyoit bien pourquoi tu ne voulois pas le comprendre , c'est
que tu étois le gouverneur de la Congrégation,

et que tu prévoyois que tu ne pourrois plus faire ton embarras. Réponds-donc, *VILAIN TARTUFE?* Quand tu as placé ton frere le *saoulot,* en qualité de gardien, dans une maison de réclus, as-tu jamais voulu entendre les réclamations des pauvres diables qu'il opprimoit de toutesles manieres ? C'étoit encore ta religion qui te dirigeoit en lui donnant des conseils de vexations, n'est-ce pas ? Il n'y a pas cinq pieds à un mouton, entends-tu ; et ont t'abhorre comme tu le mérites. La preuve en est toute claire, puisque quand tu réclamois tes amis à l'assemblée-générale, il ne s'est pas trouvé un assistant qui ait osése souiller de ce nom, à l'exception de Briot. Je n'en dirai pas davantage parce que tu m'ennuyes; à revoir la perruque ?

CHAZERAND.

Attendez, attendez, M^r. Molle, je vais vous prouver que ma conscience......

CONSIDERE.

Paix-là ! citoyens ; (il chante) *quand la perruque a fait son tems, &c. &c.*

TOUS.

(Ils répetent) : *quand la perruque a fait son tems...*

GOUVERNET.

Si *je suis été* tranquille jusqu'à ce moment, ce n'est pas que *je suis été* bien mortifié de voir une séance qui étoit consacrée à trouver les moyens de secourir les patriotes *oppressés,* dégénérer en séance la plus *escandaleuse* qui ait jamais paru dans les annales des fastes de la renommée des deux mondes.

ROBERT.

Citoyen Gouvernet, vous n'êtes point de notre

bord et nous ne vous écouterons nullement. 1°.
Vous avez resté en place avec les feuillans qui nous
ont succédé ; 2°. Depuis quelque tems vous avez
fait le modéré, parce que votre frere de Dole,
vous a réprimandé sur votre exaspération ; 3°
Après avoir été le plus enragé pour les arrestations, vous avez montré de l'humanité pour les
réclus, principalement après les 9 et 10 thermidor, et vous alliez dès le principe, et toutes les
semaines, boire et manger avec les détenus du
Jura, dans la maison Fleury ; vous aviez même
l'attention d'y conduire votre chere épouse ; 4°.
C'est vous qui avez déclamé le plus fortement
contre l'assemblée départementale, et c'est vous
qui en aviez fait le plus bel éloge !

GOUVERNET.

Je suis été diner à la maison Fleury, parce que
j'y avois des amis ; *je suis été* du nombre des
restants en place, parce que je suis patriote ; mais
je ne suis jamais été pour les mesures de rigueur
en fait d'arrestations, et *je ne suis jamais été* non
plus l'apologiste de l'assemblée départementale.

ROBERT.

Ah ! M^r. le calin, vous osez inficier ; sachez
donc que nous sommes tous témoins des propos
que vous avez tenus lors de l'assemblée des
corps administratifs, et que si nous n'en dépo-
sions pas, il y en auroit d'autres tous prêts à le
faire. Il avoit été délibéré, que si l'on mettoit un
mari en réclusion, on n'y joindroit pas sa femme,
et *rice versá ;* malgré cet arrangement, il fut
question d'arrêter Bichet et son épouse ; des réclamations furent entendues, et vous M^r. Gouvernet, vous répliquàtes que tout cela ne signi-

fioit rien, *parce qu'il falloit bien encore un 2 Septembre.* Voilà vos propres expressions.

Pour l'éloge de l'assemblée départementale, dont vous ne voulez pas vous attribuer l'honneur, il existe une lettre que vous avez écrite, en qualité de Président de la Société, à celle de Clerval-sur-le-Doubs, en date du 23 juin (*v. s.*); elle porte entre autre choses, ces mots techniques : « Nous vous ferons passer le procès-verbal de l'assemblée départementale. *Que cette assemblée étoit majestueuse ! Le calme et la paix en ont dirigé les décisions ; et vous jugerez par vous-mêmes de la sagesse de ces décisions. Nous sommes, &c. Signé,* Gouvernet, Président, &c. » Si vous n'avez plus de mémoire de cette lettre, nous vous prévenons qu'elle a été enregistrée à Baume, le vingt-sept Thermidor. Vous voyez bien, M^r. Gouvernet, homme à double face, que nous ne sommes pas dupes de vos petits projets ; il vous faut des places, voilà le fin mot. Allez, allez vil suppôt de la chicane, rentrez dans le néant d'où vous n'auriez jamais dû sortir, non plus que moi ! !

(TOUS ENSEMBLE.)

Appué, appué ; *bravo, bravo.*

CHAZERAND.

Voici Briot, voici Briot.

BRIOT.

[*Il entre par la grande porte, il met la main gauche sur sa hanche, donne un coup de tête pour faire venir ses cheveux un peu en avant, regarde effrontément et s'exprime ainsi :*]

Et moi aussi je veux parler contre Robert,

Pion, Molle, Considere, Chazerand et Gouvernet ; et moi aussi je veux parler contre l'apathie que vous conservez dans un moment où des individus à qui j'avois voué toute ma haine, ont osé vous imputer à crime le fruit de vos vertus. Je suis le garant de votre probité, que la médisance se taise ! Oui, vous êtes des *Citoyens integres ;* et je le prouve :

Dans le tems où la terre étoit informe, au moment de la création du monde, quand Dieu eut fait les élémens......

GOUVERNET.

Passe-nous le déluge, et viens au jugement dernier ?

BRIOT.

Il te convient bien de m'interrompre dans le passage le plus frappant ; oui, je soutiens que le patriotisme est comprimé. N'est-ce pas moi qui ai rélucté contre Robespierre cadet ? N'est-ce pas moi qui ai soutenu la fabrique d'horlogerie ? N'ai-je pas juré de vivre pour terrasser les *modérés* de mon pays ? Le canon des Autrichiens m'a-t'il jamais inspiré de l'effroi ? N'ai-je pas donné la préférence à Besançon, pour être le *SEUL théâtre* de mes exploits ?

CHAZERAND.

Mais, Briot, ce n'est pas avec nous, qu'il faut parler aussi *impudemment.* Personne n'a pris le change sur ta résistance contre les mesures de Robespierre cadet. A cette époque, Robespierre faisoit le plus grand bien dans le département de la Haute-Saône ; il accordoit la liberté aux patriotes détenus, et voilà précisément ce qui blessoit ton système sanguinaire. Quand il t'eut traité d'intriguant, tu pris le ton de suppliant ; tu lui écrivis deux lettres à Besançon pour lui demander *excuses ;* tu lui en écrivis d'autres à l'armée d'Italie, et qui étoient le *chef-d'œuvre de la lâcheté !* Et ces dernieres existent, mon cher ami, tu me comprends.

Quant à l'horlogerie, qui est à la vérité une fabrique très-utile, on saitparfaitement bien que ce n'est pas l'avantage qu'elle doit procurer un jour au Département, qui a attiré le dévoûement que tu lui portes. Mais cadeau de montre à monsieur, *item* pendule, deux mille livres d'appointemens ; enfin, que sais-je : Le meilleur dans ces circonstances, tant pour toi que pour moi, étoit de ne pas réveiller le chat qui dormoit.

BRIOT.

Qu'on ne dise pas que je suis sanguinaire : N'ai-je pas démontré à l'assemblée générale, où étoient les Représentans, qu'après avoir cherché à faire guillotiner Pajot, j'étois devenu son défenseur officieux : N'ai-je pas fait présenter mes services à Billot pour le même objet, services qu'il a repoussés avec horreur à la vérité, mais qui ne lui en ont pas moins été offerts :

GOUVERNET.

Tu dois ajouter que tu *est* été tellement mortifié de son refus, que du moment que tu as vu qu'il avoit été acquitté au tribunal de Besançon, tu as intrigué pour le faire traduire de nouveau au tribunal de Paris. Et puis cette fameuse séance au temple de la raison, dans laquelle tu cherchois à préparer le peuple contre lui et trois de ses collegues, où tu vomis sur leur compte et à leur absence, bien entendu, des injures et des calomnies atroces pour étayer le projet que **tu** avois formé de les sacrifier à ta rage! pense-tu que cela prouve pour ta bonne foi et ton humanité? Et tu oses dire que tu n'es pas sanguinaire?

CHAZERAND.

Mon cher Briot, tu as tant fait qu'à la fin le voile est déchiré. On a reconnu que tu n'avois jamais mérité la popularité que tu avois usurpée pendant quelque temps. Ne te fâche pas; et je vais faire l'esquisse de ton tableau.

Tu as commencé tes intrigues en cherchant à te faire nommer à la place du citoyen Blanc, chef du troisieme bataillon du Doubs, et tu es parti à regret quand tu as vu que tu n'avois pas même obtenu le grade de caporal; ta lâcheté au bataillon a été telle, que tu as donné jusqu'à la somme de *six livres en numéraire* pour faire monter ta garde; tu as pris ensuite un *billet d'hôpital;* tu y as resté quelques jours, et tu t'en es revenu bien portant à Besançon, pour reprendre tes fonctions de professeur de rhétorique. *AVEC LES APPOINTEMENS!* Lors de l'insurrection du régiment ci-devant Navarre, la chronique prétend que tu es resté tapis dans un coin de cave au college; toutes les fois que ta vedette a inspiré une grande indignation, tu t'es caché comme le plus vil des *folliculaires!* Pour pallier ton peu de bravoure, toi et ton cher collegue *l'abbé* DORMOY, vous avez cherché à tourner en ridicule la motion d'organiser un corps de patriotes pris dans les communes du département du Doubs, pour marcher contre les ré belles de la Vendée. Vous trembliez d'être incorporés dans ce bataillon, et tu eus la bêtise, TOI, d'offrir une somme de *cent livres* pour te soustraire à ce départ. Je ne te parlerai pas de toutes les ruses que tu as employées pour éviter la premiere requisition, chacun en est instruit, et chacun a apprécié ta conduite. Mais je me permettrai de t'observer qu'il ne te convenoit pas, dans la position où tu te trouvois, de provoquer le départ de tes concitoyens pour l'armée. Bien loin de les encourager, tu ne faisois que les irriter ; ton insolence indignoit les patriotes.

CONSIDERE.

Je bâille, parce qu'il me semble que je suis au sermon de la paroisse.

BRIOT.

Laisse le dire, il se croit encore dans la salle des artisans.

CHAZERAND.

Je ne serai pas long, mais écoute-moi. N'as-tu pas été l'orateur de *la sainte insurrection* de l'année derniere contre les autorités constituees ? N'as-tu pas été étroitement lié avec Charles Hesse ? N'en as-tu pas fait l'éloge le plus pompeux avec ton collaborateur DORMOY, dans ta vedette du 28 septembre 1792 ? et n'as-tu pas dit ensuite que tu le connoissois pour un être immoral, mais qu'il ne falloit pas que le peuple en fût instruit ? N'as-tu pas fait un ouvrage, *soigneusement imprimé*, pour prouver que la convention n'avoit pas le droit de prononcer sur le sort du ci-devant roi ? N'as-tu pas ajouté qu'il étoit de l'intérêt de la nation de lui conserver la vie ? Et quand tu as vu que, contre ton gré, il avoit été condamné, ne t'es-tu pas retourné du bord qui l'avoit emporté, pour applaudir au supplice que tu avois tant redouté ? N'as-tu pas insulté dans ton fameux journal, les jeunes gens de la premiere requisition ? et de concert avec Marrelier, Boissenet et moi, n'as-tu pas fait passer la juste indignation de ces jeunes gens, pour une rebellion à la loi, et ne les avons nous pas incarcérés arbitrairement à ta seule instigation ? N'es-tu pas l'intime de deux femmes de ci-devant conseillers, avec lesquelles tu vas passer quelques soirées, toujours avec ton ami Dormoy, et ne leur accordes-tu pas une protection ouverte ? N'est-ce pas toi, qui as sauvé le pere Droz de la réclusion, par l'amitié que tu as toujours vouée à son cher fils ? N'as-tu pas demandé aux Corps-administratifs, la radiation de son nom sur la liste, avec un ton non-moins impérieux que menaçant ? N'as-tu pas cherché à te faire craindre dans la Commune, en annonçant que tu étois en correspondance suivie avec les piliers des Jacobins ?

GOUVERNET.

Tout cela ne signifie rien ; mais j'interpelle Briot, de nous parler de ses opinions et de sa conduite relativement aux événemens du 31 mai.

BRIOT.

J'étois à Paris alors, j'augurai que la liberté étoit compromise, et j'écrivis sur le champ à la société de Besançon que la convention m'avoit paru violentée ; je mandai la même chose au Procureur de la Commune ; mais je me servis des expressions les plus fortes pour lui dépeindre la Convention, non-seulement comprimée, mais avilie par des factieux. J'étois convaincu que cette lettre seroit communiquée, et je me faisois d'avance un trophée d'avoir été le premier à prévenir mes concitoyens de l'orage qui menaçoit la république. Malheureusement ceux que j'avois traités de factieux, l'ont emporté, et il a fallu revenir sur mes pas ; mais je me suis jetté à corps perdu dans le parti qui a triomphé ; j'ai déclamé aussi-tôt à l'avantage de cette révolution, et j'ai fait traduire au tribunal révolutionnaire quelques-uns de ceux qui avoient eu la bêtise de croire à mes premieres narrations. (*Il se retire au bout de la salle et continue à part.*) Ah ! lettre fatale, lettre qui fait le tourment de ma vie ; ne seras-tu jamais en ma puissance ! Et toi, Couchery, toi, que j'ai ménagé, aurois-tu encore cette piece, et prendrois-tu plaisir à la conserver, pour prouver en tems et lieu que je suis un intriguant et un traître, et pour démontrer que l'assemblée départementale n'a pris que des mesures bien modérées en comparaison du contenu de cette maudite lettre. Couchery ! Couchery ! toi, que je craindrai sans-cesse, prends pitié de mon état affreux ;

rappelle-toi qu'à l'épuration des autorités constituées, je voyois le moment où tu allois con-
fondre mon arrogance, en donnant lecture de
cette fatale épître, et que je me hâtai de dire
que tu étois un honnête homme. Si tu voulois,
j'en ferois mettre une autre à la poste de Paris,
à ton adresse : j'y marquerais la même date que
celle contenue dans la tienne, je supprimerois
les phrases qui me tuent, tu me rendrois la
premiere, et je t'interpellerois alors de montrer
la lettre qui a fait tant de bruit dans Besançon
à mon désavantage : juge quel seroit mon triom-
phe !

M O L L E.

Ques-ce qu'il barbouille là tout seul ; dis donc
tu n'oses pas parler haut. Eh ! M^r. l'orateur ban-
nal, où sommes nous logés si votre effronterie
disparoit. Moi, qui suis une bête, je vais achever
pour vous.

R O B E R T.

Non, voici en deux mots le résumé de Briot :

C O N S I D E R E.

Tu fais bien, de résumer, car ce n'est pas son
fort à lui.

R O B E R T.

Quand Briot, a vu que le département avoit
adopté ses opinions, alors il en a changé, et cela
n'est pas extraordinaire chez lui ; il a été le plus
grand panégiriste de la révolution du 31 mai,

après avoir été son détracteur le plus impi-
toyable ; il a poursuivi avec acharnement,
ceux qui n'avoient pas voulu tourner aussi-
tôt que lui, au même vent ; il a toujours
détruit le lendemain, ce qu'il avoit fait la veille.
Enragé le Nonodi, il est feuillant le Décadi.
Parlant pour, parlant contre, et se battant
toujours les flancs, pour paroître ardent et faire
croire qu'il pense sérieusement tout ce qu'il dit.
Il traite Marat de scélérat dans un tems, quinze
jours après, il fait son oraison funébre. Doué
d'un certain jargon, il en abuse pour paroître
important et faire la loi à tout ce qui l'envi-
ronne ; somme totale, il est *méchant, orgueilleux,
barard, effronté, intriguant, vil et ambitieux.*

(TOUS.)

Bravo, bravo, bravo.

BRIOT.

Citoyens !

TOUS.

A bas, à bas l'intriguant, à bas le factieux,
l'impudent ; aux frontières, aux frontieres.

*[Les anciens membres du Comité de
Surveillance, attirés par le bruit,
entrent promptement dans la Salle.]*

MOREL.

Excusez, citoyens, nous croyions bonnement
que nous étions encore du comité de surveillance

et nous venions voir s'il n'y avoit pas quelques petits coups à faire pour le plus grand bien des enfans de la Sans-Culotterie ?

C L A V E Y, (*à part*).

Si nous n'avions pas mieux réussi ailleurs, nous n'aurions pas eu tant à calculer pour nos partages.

M O R E L (*bas à ses collègues*).

A propos, il me revient encore quarante-cinq livres de la derniere décade. Tu sais, Clavey, que l'écot est payé ?

C L A V E Y.

Oh ! oui. Mais tu sais aussi que Rose et Brunet n'ont pas encore apporté tous les effets de là-bas, et qu'il y a un compte à faire.

R O S E.

Tu en as menti, je suis un honnête homme, j'ai tout apporté, et je n'ai conservé que ma part.

J A C Q U E T.

Tu en as menti toi-même, tu crois que l'on oublie si facilement les affaires ?

O L I V I E R.

Et toi, Jacquet ! avant de parler, rapporte d'abord le total du contenu de l'étui en question !

(23)

JACQUET.

Je suis prêt, oui j'ai un étui.

BARREY.

Mais tu en as deux.

BALLYET.

Et s'il ne fait l'aveu que d'un, qu'y a-t-il à répondre ?

Tous les membres.

Oh ! cela est juste, cela est très-juste, il n'y a plus rien à dire.

MERCIER.

Tout ça va bien ; mais avec mon bureau de confiance, je dis que moi ce n'est pas de même que vous ; et puis vous avez requis, c'est-à-dire le patriote Clavey a requis des fromages et du vin pour lui tout seul.

CLAVEY.

Qu'appelle-tu ? et vous autres, sauf respect, vous avez requis les sucres ; et puis vous vous êtes fourrés dans bien des maisons lavoù je n'étois pas, que vous y étiez déjà avant que je n'aie mis mes culottes.

Tous.

Tant pis pour toi, que n'y venois-tu sans-culottes ?

PION.

Mes amis, ne vous disputez-pas, voici le moment où nous devons nous rallier, notre cause est commune, il faut triompher de nos ennemis.

BRIOT.

Que diroit-on de nous, si nous nous réunissions avec des Brunet, des Morel, des Olivier, des Jacquet, des Clavey, des Prast, enfin avec toute cette engeance abandonnée à elle-même.

MOREL.

Ce langage est-il bien de toi ? comment ! tu nous a toujours guidés et tu bats de l'aîle aujourd'hui ! Ne nous as-tu pas instruit que tu étois en relation avec Collot-d'Herbois, qui te servoit de thermometre dans les *phrases* de la révolution ? et ne nous as-tu pas engagés à suivre à la lettre tes précieux renseignemens ? et maintenant tu nous abandonnes !... Va, rien ne nous surprend ; l'abbé Proudhon étoit ton compere le plus fidele, dans tous tes jeux mécaniques, et quand les ressorts trop tendus ont été brisés, tu as méconnu amitié, reconoissance et justice, et tu as fait retomber sur lui tout l'odieux de tes tours.

BRIOT.

Ce discours n'est pas de toi ; si je connoissois l'aristocrate qui te l'a remis, je le dénoncerois à la société !

(T O U S.)

A bas, Briot, à bas l'effronté, à bas le comédien, aux frontieres ! aux frontieres !

> *[L'abbé Dormoy, après avoir écouté quelque temps à la porte, entre en riant ; et se frottant les mains, il dit à Robert :*

Ah ! ah ! Te voilà, citoyen Robert, eh ! bien cette épuration est faite, vous avez été joliment arrangés vous autres !

R O B E R T.

Tu n'y as point paru ; mais le peuple a déjà imprimé sur ton front le fer brûlant de la vérité.

D O R M O Y, (*enfonçant son bonnet de police*).

Il ne me brûlera pas ; mais Mr. Robert, vous êtes bien dur ; croyez-vous parler à un negre ?

M O L L E.

Tu ne paroîtras donc pas à la redoutable tribune : dis-nous donc comment tu as fais ?

D O R M O Y.

Le voici : vous savez que je suis tout à la fois instituteur du collége et membre du Conseil-général de la Commune. J'ai donné ma démission de ma place de notable, et j'ai gardé celle d'instituteur, qui me vaut dix-huit cent livres ; ainsi ceux qui m'attendoient à l'épuration ont été bien attrapés.

ROBERT.

Tu crois donc en être quitte.

DORMOY.

Oh ! vraiment oui. Et si vous aviez fait comme cela vous autres, vous auriez évité la justice du peuple. Vous avez voulu la braver, et vous avez été hués d'une belle maniere.

MOLLE.

Il faut convenir que nous le méritions bien ; mais conviens aussi, Dormoy, que tu méritois une part au gâteau.

DORMOY.

Et pourquoi ? N'ai-je pas toujours travaillé pour le bien de la république ; j'étois patriote avant 89, je l'étois même chez les Lazaristes, où je ne cessois de prêcher l'amour de la liberté.

ROBERT.

Tu dirois mieux de la licence, qui étoit ton idôle. Tu as osé dire que tu as travaillé pour le bien de la république. Et qu'as tu fait ?

DORMOY.

J'ai d'abord été vicaire épiscopal , ensuite professeur en théologie, supérieur du séminaire.

MOLLE.

Le beau service pour la république ! elle te donnoit six cents francs tous les trois mois, et tu n'avois point d'écoliers ! Tu étois supérieur du séminaire, et tu ne faisois rien.

DORMOY.

J'avoue que je n'avois aucun écolier, mais je les attendois.

ROBERT.

Où étois-tu le 10 août ?

DORMOY.

A Paris. Le nez au vent ; et ce vent m'a poussé jusqu'à Besançon, où j'ai cherché la confiance publique pour avoir des appointemens.

ROBERT.

Tu étois si peu patriote, que tu n'osas pas même te faire inscrire dans la société populaire. Tu allois aux tribunes, *pour flairer la meurette*, et voilà comme tu as toujours fait. Et puis tu vins dire aux patriotes, que tes grandes occupations t'empêchoient d'entrer dans la société ; mais elle te laissoient bien le tems d'aller aux tribunes. C'est que tu voulois dresser tes batteries ; tu étudiois les différens caracteres. Tu voyois déja ceux qui pouvoient servir ton ambition, tu notois ceux que tu devois perdre dans l'opinion publique. Et lorsque tu as vu qu'il étoit tems de paroître, alors tu t'es présenté à la société.

DORMOY.

Ne falloit-il pas que je travaillasse à faire créer, pour moi, par le représentant du Peuple,

Bassal, une place de professeur de physique, avec un traitement de dix-huit cents livres, attendu que les vicaires épiscopaux ne vouloient pas durer long-tems, comme je le savois des faiseurs.

MOLLE.

Main le représentant Bassal, n'étoit pas encore à Besançon ; et puis tu es un infame roué ! lorsqu'il falloit nuire à quelqu'un, c'étoit toi qui enfonçois le poignard. Crois-tu qu'on n'est pas instruit que dans maintes occasions Briot étoit ta marionette, qu'en le flagornant c'étoit toi qui tirois le fil qui le faisoit *émouvoir?* Crois-tu qu'on a perdu l'idée de tes fréquentations avec les aristocrates, en cachette ; que tu voyois à la sourdine, comme par exemple, *la Maire*, que tu conduisois et reconduisois souvent à Quingey, et pour l'amitié de laquelle, mêmement de l'amour, tu as fais sortir son pere de réclusion, quoique beau-pere, pere et mari d'émigré ; qu'il étoit riche et immensément aristocrate, pour te marier avec la fille ; que tu es toujours l'abbé à la toilette, pour les femmes aussi de réclusion ; que tu n'as jamais voulu déloger qu'à la force du *collidor* du dessus, dans le collége, pour cela que les récluses étoient journellement dans ton habitation, que tu leur accordois ta protection, en faisant un beau ton mielleux, pour en être plus recommandable.

ROBERT.

La convention a rendu un décret..... j'en ai oublié la date ; mais il est du mois pluviose, il porte taxativement, art. 3 : *Il ne pourra être choisi aucun instituteur parmi les ministres d'un culte quelconque, ni parmi ceux qui auront appartenu à des castes ci-devant privilégiés, &c., &c.* Ainsi, Dormoy, il faudra déloger sans tambour ni trompette. Les administrateurs feront leur devoir, ils te raieront de la liste des instituteurs. Mon cher Dormoy, tu peux maintenant frotter tes mains, enfoncer ton bonnet ; il te faudra quitter tes beaux habits, tes bonnets de police brodés, tes promenades en voiture, et tes jolis soupers !

DORMOY.

Voilà un terrible décret.

ROBERT.

Va, tu es seul l'auteur des maux du département ; cent fois plus hypocrite que nous, tu es enfin démasqué, et la vengeance nationale te frappera bientôt du même glaive que tu as suspendu tant de fois sur la tête des meilleurs citoyens.

DORMOY.

Si on exécute ce décret, je suis ruiné !

ROBERT.

C'est bien fait, tu en as assez ruiné d'autres.

DORMOY.

Mon ami Briot, toi le premier génie de la France, toi qui n'as pas besoin de te montrer pour être connu ; je te recommande la vedette ; parle encore pendant trois Décades de nouvelles insignifiantes : je pars pour Paris, je vais trouver mon protecteur, sans oublier notre ami *le général philosophe* Hesse ; je te marquerai le taux de l'opinion, et repose toi sur mon intrigue, pour trouver la façon de nous venger..... Mais ce maudit décret !

GOUVERNET.

Voilà comment ils sont patriotes ; *je suis été* dupe *de leu tamour* pour la patrie.

> *[On entend du bruit dans la rue, on regarde, et l'on voit MM. Vienot dit de l'aublanc, et Droz, dit de Rozel, qui prennent le chemin de la maison d'arrêt, étant entourés de moyens coercitifs; la stupeur regne, les exclamations partent de toutesles bouches : on va, on rient, et l'on reste dans un morne silence.]*

CHAZERAND.

Voilà le prélude ! Être suprême ! Dieu de la religion de mes pères, Dieu des congrégations ! des confrairies et des conférences ! souffrirez-vous que nous soyons vexés, dans la personne de nos amis Vienot et Droz !

CONSIDERE.

Dieu de tous les cultes ! souffrirez-vous plus long-tems que nous soyons avilis par un imbécile comme Chazerand ? Et vous, mes collegues, refuserez-vous de chanter avec moi : (il chante) *quand la perruque a fait son temps, &c. &c.*

TOUS.

(Ils chantent). *Quand la perruque a fait son tems, &c., &c.*

[*Ils descendent et parcourent les rues, en* chantant *la perruque : tous les citoyens fredonnent sur le même ton : enfin, chacun chante aujourd'hui* la Perruque.]

FIN.

A BESANÇON, A LA VÉRITÉ.

Réimprimé, en 1876, à 200 exemplaires numérotés, dont 20 sur chine.

N

Achevé d'imprimer le 15 juin 1876
Pour **FRANCIS GANEVAL**, Libraire-Editeur
Palais Grandvelle, à Besançon
Par BLUZET-GUINIER, imprimeur à Dole

M. DCCC. LXXVI

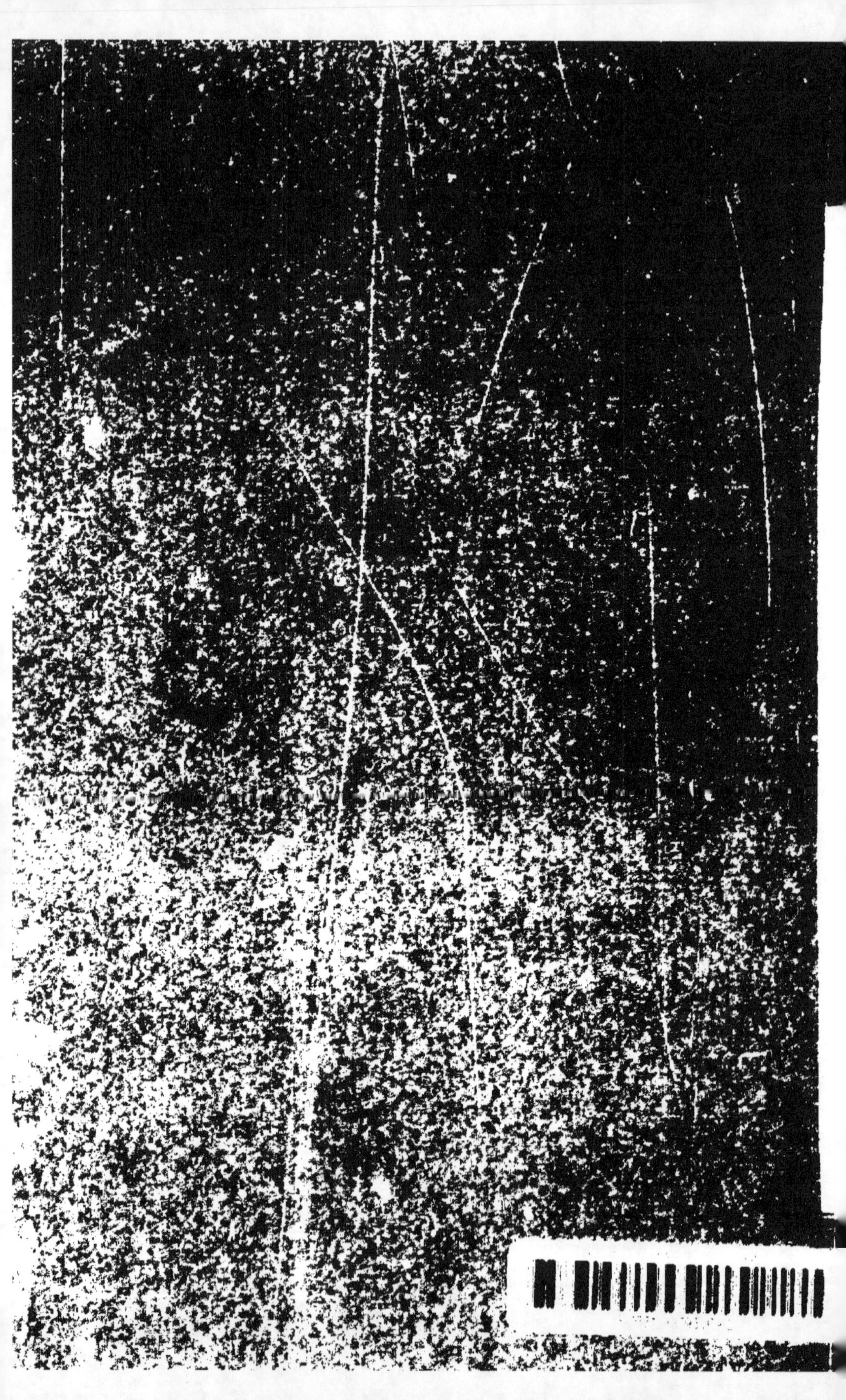